25 principes de réalité

Jochen Blumenthal et Micheline Deschreider

Matériel de base: L/L Research (Louisville, Kentucky)

25 principes de réalité

Jochen Blumenthal

Révision: Micheline Deschreider

ISBN 978-3-945871-70-6

Das Gesetz des Einen-Verlag (Deutschland)
Maison d'édition *La Loi Une* (Allemagne)
Jochen Blumenthal
Bessemerstr. 82
10. OG Süd
12103 Berlin
Allemagne
USt-ID DE 276911588

En coopération avec L/L Research, Louisville (Kentucky)
www.llresearch.org

Contacter l'éditeur: contact@laloiune.eu
Plus d'informations: www.laloiune.eu

Table de matières

Avant-propos

1   L'illusion de la séparation

2   La réalité des mondes spirituels

3   Réalité

4   La bonne mesure de l'illusion

5   De nouveaux domaines de conscience

6   Tu es dans le jardin d'Éden

7   Désir brûlant

8   Le désir le plus élevé

9   Tu peux être une étoile

10 Le désir sous la loupe

11 La nature spirituelle de la création

12 Le libre arbitre

13 Le plan du Créateur

14   Réduire l'illusion

15   La Création vivante

16   Des parties isolées

17   Un désir très important

18   Illimité

19   Unité

20   Lumière et Amour, Amour et Lumière

21   La vérité sur l'amour du Créateur

22   Illusion compliquée

23   Le désir du Créateur

24   Trouve l'amour du Créateur

25   Une pensée d'amour

Références

À propos de l'auteur

Plus d'informations

Avant-propos

Bien que né en Allemagne, la France et le Français me fascine depuis l'âge de 16 ans. Pendant quelques années j'ai passé autant de jours que j'ai pu en France, estimant alors qu'il ne peut y avoir d'endroit plus libre que la France.

Aujourd'hui je suis arrivée à la conclusion qu'on ne peut trouver de la libération que sur le chemin qui serpente vers les mondes intérieurs et spirituels. J'espère donc que des chercheurs utilisant la langue française dans leur recherche trouveront de l'inspiration dans ces pages.

« 25 principes de réalité » est un ensemble de perles de sagesse et d'éléments de connaissance. Cet ouvrage s'inspire du volumineux ensemble de transmissions que Carla L. Rueckert, Don Elkins, Jim McCarty et d'autres du groupe « L/L Research » ont reçues en channeling et transcrites à partir de 1958.

Ce petit livre s'adresse aux chercheurs en spiritualité. Prenez-en ce qui vous convient et laissez le reste de côté. Le but est seulement de pouvoir accélérer plus vite sur le chemin et de ne pas en dévier.

Je remercie L/L Research et Micheline Deschreider pour leur soutien. Et surtout je veux exprimer ma gratitude profonde à Carla Rueckert qui a quitté son corps en 2015.

Amour et Lumière
Jochen Blumenthal

20 janvier 2016, Bielefeld (Allemagne)

1 L'illusion de la séparation

Dans l'illusion tu penses
que tu ne peux contacter tes semblables
que par l'illusion.

Tu t'exprimes avec des mots
et tu les transmets par les airs,
par un téléphone ou un autre quelconque
appareil.

Cette séparation apparente
entre les consciences –
est illusion.

La séparation est illusoire:
elle n'a pas de réalité.

2 La réalité des mondes spirituels

Souvent nous tenons

les mondes spirituels pour une illusion,

et l'illusion de la séparation

de nos frères et sœurs

pour la réalité.

Le contraire est vrai.

3 Réalité

C'est la réalité qui

est avant tout

le concept original du Créateur

et non pas

ses prolongations

sous la forme des expérimentations

de Ses enfants.

4 La bonne mesure de l'illusion

Pour progresser sur le chemin de la spiritualité, il
faut réduire l'illusion.

Cela peut être accompli
en analysant chaque facette de l'illusion,
qui nous encombre jour après jour,
et puis en lui réassignant
la bonne mesure.

La bonne mesure,
amis,
c'est la non-existence.

5 Des nouveaux domaines de conscience

Sens le rythme de ton souffle,

Perçois comme il devient un,

avec tout ce qui se trouve autour de toi.

Prends-en conscience.

6 Tu es dans le jardin d'Éden

Tu es dans le jardin d'Éden.

Dans ce jardin où tout est perfection,

il y a la sécurité et protection.

Protection de tous les maux imaginables.

Il n'y a rien de mauvais dans le jardin d'Éden.

C'est là que tu vas quand tu médites.

Cet endroit est une réalité.

Ce jardin parfait est ta vraie patrie.

Vis ce jardin dans ton esprit.

Non seulement en méditation, mais toujours.

Aspire à y entrer, attire-le vers toi,

et tiens-le proche de toi.

Deviens un avec ce jardin,

car il contient ton vrai moi.

7 Désir brûlant

Le phénomène du désir est souvent mal compris.

On ne poursuit pas quelques désirs

de certaines choses.

Ce qu'est le désir

est en vérité

un feu brûlant.

8 Le désir le plus élevé

Tout ce que tu apprends par l'expérience
vient d'un désir.
Des vœux passés déterminent le présent.
Et le désir d'aujourd'hui
forme le futur apparent.

Le Créateur t'a donné
la liberté inconditionnelle de choix.
Faisons à notre tour un cadeau à notre Créateur,
Le désir le plus élevé
dont nous pouvons prendre conscience :
celui d'apprendre par l'expérience
le Créateur illimité de la façon la plus élevée.

9 Tu peux être une étoile

Prends conscience
que tu peux souhaiter
être une étoile.

Prends conscience
que tu peux obtenir
toute la connaissance
que tu souhaites.

10 Le désir sous la loupe

Le désir est comme le soleil.

Il peut réchauffer la terre et ses habitants,

et leur donner de la lumière.

Mais une loupe tenue

dans son rayon,

peut faire brûler ce que visait le rayon.

11 La nature spirituelle de la Création

L'homme néglige
la nature spirituelle de la Création.
C'est une grave erreur.
La Création est entièrement composée
de spirituel.
Il n'y a rien d'autre.

La Création n'est pas du tout
ce que l'homme en pense.
Elle semble seulement être pour lui seul
parce que sa conscience est limitée.

12 Le libre arbitre

La vérité

de l'amour du Créateur

doit se développer de l'intérieur.

Elle ne peut pas être imposée de l'extérieur.

13 Le plan du Créateur

Le désir est la clé
de ce que tu reçois.
Ce que tu souhaites,
tu le recevras.
Voilà le plan du Créateur.

14 Réduire l'illusion

Réduis

par le moyen de la méditation

l'illusion de l'apparente séparation.

C'est l'homme qui l'a fabriquée.

15 La Création vivante

La Création vit.

Elle est intelligente

et fonctionne comme un être.

Tu en es une partie,

un être,

qui aspire l'air de l'éternité.

16 Des parties isolées

Quelques parties du Créateur
se sont isolées.
Elles se sont éloignées
de la pensée originale du Créateur.

L'homme aussi,
par ses expériences et expérimentations
s'est isolé
dans sa pensée.

17 Un désir très important

Prends soin du désir
de chercher et trouver
à l'extérieur de l'illusion matérielle,
qui a dominé cette planète
pendant tant d'années.

18 Illimité

L'univers est illimité.

À ton identité,

À ton voyage de recherche,

À ta connaissance de la Création,

il n'y a pas de limites.

19 Unité

Ce qui est illimité,
ne peut être multiple.
La pluralité est limitée.
L'infini est unité.
Dans un Créateur illimité
il n'y a que l'unité.

20 Lumière et Amour, Amour et Lumière

En vérité,

il n'y a ni bien ni mal.

Les oppositions seront réunifiées.

Tu es tout,

chaque être,

chaque émotion,

chaque événement,

chaque situation.

Tu es unité. Tu es illimité.

Tu es Lumière et Amour, Amour et Lumière.

21 La vérité sur l'amour du Créateur

Chacun

a le droit

d'accepter ou refuser

de l'aide

pour son développement spirituel.

De cette façon seulement

la vérité du Créateur

qu'est la Création,

la vérité de l'amour du Créateur,

peut être réalisée.

22 Illusion compliquée

L'homme lui-même
a créé cette illusion
avec sa complexité.
Défais les complications.
Prends conscience de
ce qui t'a créé.

23 Le désir du Créateur

Prends conscience du Créateur.
Prends conscience de Ses vœux.
Alors tu sauras quels sont les tiens.
Car toi et le Créateur,
vous êtes un.

Tu le sentiras
dès que tu prendras conscience de Ses vœux.
Après il n'y aura plus de question.
Tu auras trouvé ce que tu cherches.
Tu auras trouvé l'amour.
C'est cela le vœu du Créateur.

24 Trouve l'amour du Créateur

Exprime l'amour du Créateur
qui t'a créé.
Trouve-le en méditation.
Nul effort intellectuel
Nulle planification perspicace,
nulle interprétation de mots parlés ou écrits
ne te guideront vers cette simple vérité.

25 Une pensée d'amour

Deviens capable de comprendre
les caractéristiques des possibilités
de l'illusion.

Réagis,
par l'introspection et la méditation,
d'une façon
qui exprime la pensée du Créateur:
avec une pensée d'amour.

Références

Dérivé de transmissions en channeling par Carla Rueckert, L/L Research

01 – 04   Hatonn, 28 mars 1974

05   Oxal, 8 avril 1974

06   Hatonn, 10 avril 1974

07 – 11   Hatonn, 12 avril 1974

12 – 17   inconnu

18 – 20   Ra 1.7, 15 janvier 1981

21 – 25   inconnu

À propos de l'auteur

Depuis près de 20 ans Jochen Blumenthal suit avec persévérance son chemin de la recherche. Yoga, méditation, guérison mentale, mais aussi management et consultance ont marqué ce voyage qui oriente encore et toujours son travail inspiré de texte de sagesse et de spiritualité. Depuis 2012 les expériences acquises conduisent à des activités d'auteur et traducteur en spiritualité.

Plus d'informations

D'autres publications de la Maison d'édition *La Loi Une* (Allemagne)
en coopération avec L/L Research, Louisville (Kentucky)

Le Contact Ra: La Loi Une Enseignée, Tome I & II
Titre original: *The Ra Contact: Teaching the Law of One*
L/L Research (Carla L. Rueckert, Don Elkins, Jim McCarty)
Traduction: Micheline Deschreider
Tome I (Séances 1 à 56)
Relié ISBN 978-3-945871-41-6
Livre de poche ISBN 978-3-945871-37-9
Kindle e-book ISBN 978-3-945871-51-7
Tome II (Séances 57 à 106)
Relié ISBN 978-3-945871-43-0
Livre de poche ISBN 978-3-945871-39-3
Kindle e-book ISBN 978-3-945871-53-9

Comment vivre la Loi Une; Niveau I: Le Choix
Titre original: Living the Law of One, 101: The Choice
Auteure: Carla L. Rueckert
Traduction: Micheline Deschreider
Livre de poche   ISBN 978-3-945871-63-8
Kindle e-book   ISBN 978-3-945871-64-5

Vade mecum du pèlerin errant
Un manuel à l'intention des extraterrestres et autres outsiders spirituels
Titre original: A Wanderer's Handbook
Auteure: Carla L. Rueckert
Traduction: Micheline Deschreider
Livre de poche ISBN 978-3-945871-65-2
Kindle e-book ISBN 978-3-945871-66-9

Série *Initiation*

Méditation

Auteur: Jochen Blumenthal

Révision par Micheline Deschreider

Livre de poche ISBN 978-3-945871-72-0

Kindle ASIN B00TS822Z6

Jésus, Le Maître Enseignant

Traduction: Nicolas Turban

Travail préliminaire: Jochen Blumenthal

Livre de poche ISBN 978-3-945871-76-8

Kindle ASIN B075YPLZ5S

Le Service d'Amour

Traduction: Nicolas Turban

Travail préliminaire: Jochen Blumenthal

Livre de poche ISBN 978-3-945871-21-8

Kindle ASIN B07FZNH76W

Sur internet

http://www.laloiune.eu
http://www.25principes.laloiune.eu
http://diebruecke.dasgesetzdeseinen.de
http://dasgesetzdeseinen.de
http://verlag.dasgesetzdeseinen.de
http://www.llresearch.org

www.ingramcontent.com/pod-product-compliance
Lightning Source LLC
Chambersburg PA
CBHW060547030426
42337CB00021B/4465